RÉPONSE A M. VITET

A PROPOS

DE L'ENSEIGNEMENT

DES ARTS DU DESSIN

PAR

VIOLLET-LE-DUC

ARCHITECTE

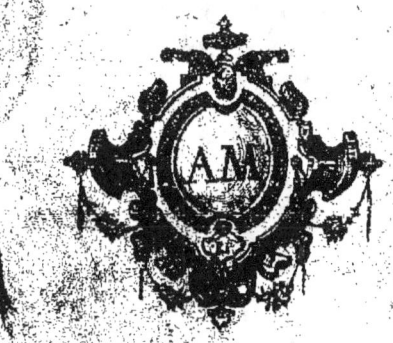

PARIS

A. MOREL, LIBRAIRE-ÉDITEUR

13, RUE BONAPARTE, 13

1864

RÉPONSE A M. VITET

A PROPOS

DE L'ENSEIGNEMENT

DES ARTS DU DESSIN

PAR

VIOLLET-LE-DUC

ARCHITECTE

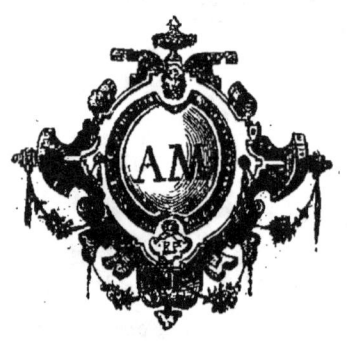

PARIS

A. MOREL, LIBRAIRE-ÉDITEUR,

13, RUE BONAPARTE, 13

—

1864

RÉPONSE A M. VITET

L'ENSEIGNEMENT DES ARTS

DU DESSIN

Sous ce titre : *De l'Enseignement des arts du dessin,* un des écrivains les plus justement appréciés du public a fait paraître dans la *Revue des Deux-Mondes* du 1ᵉʳ novembre un article de 34 pages sur les réformes introduites dans l'organisation de l'École des Beaux-Arts. L'auteur de cet article, sans approuver le décret du 13 novembre 1863, qui réformait cette école, en le critiquant même avec une certaine amertume, conclut, s'il conclut, en déclarant qu'il y avait quelque chose à faire.

Sorti d'une plume élégante appréciée du public, dicté par un des esprits éclairés de notre temps, critique savant et judicieux en matière d'art, cet écrit ne pouvait manquer de causer un certain émoi parmi les adversaires du décret comme parmi ses partisans. Aussi n'est-ce pas sans une attention très-vivement sollicitée que nous l'avons lu. Peut-être, si je n'avais pas été pris à partie par l'auteur de l'article en question, me serais-je contenté de cette lecture, en y cherchant tout ce que nous sommes habitués à trouver dans les écrits de M. Vitet : la clarté, des idées ingénieuses, une forme élégante, les empreintes d'un esprit délicat, mûri dans l'étude attentive des arts ; mais je me trouve mis en jeu ici d'une façon qui ne me permet guère de garder

le silence. En effet, ou la brochure que j'ai publiée cet été,
à propos des motifs qui m'ont engagé à quitter la chaire
d'*histoire de l'art et d'esthétique* à l'École des Beaux-Arts,
ne dit pas tout ce qu'elle prétendait dire, ou M. Vitet n'a
pas bien compris les raisons qui m'obligeaient à décliner
l'honneur qui m'était fait; et comme je suis très-disposé à
croire à mon infériorité en présence d'un critique aussi
exercé, j'admets volontiers que les torts sont de mon côté.
Mais, en essayant de rendre à chaque chose et à chaque
personne leur véritable place, il me faudra examiner les
appréciations de l'auteur de l'article, discuter leur valeur
et les rectifier au besoin. Il ne s'agit plus ici, d'ailleurs, de
répondre à un de ces adversaires sans crédit qui ne voient
dans la lutte qu'un moyen d'attirer sur eux l'attention
du public ou de préparer leur place au sein d'une illustre
compagnie; il s'agit de combattre sans passion les opinions
d'un critique qui a fait ses preuves en maintes rencontres,
et qui prend la plume avec cette autorité que donne le choix
judicieux des sujets.

De l'article sur l'*Enseignement des arts du dessin*, il
ressort que l'auteur désapprouve : 1° la forme adoptée par
l'administration , c'est-à-dire son initiative dans la promulgation du décret du 13 novembre; 2° les moyens d'exécution adoptés ou modifiés à la suite du règlement du
16 janvier; 3° ses tendances patentes ou occultes ; après
quoi l'auteur conclut en ces termes : « C'est le propre des
« révolutions que, même à l'heure où elles réparent leurs
« fautes, quand on retranche ce qu'elles ont fait de trop, il
« faut encore laisser survivre une partie de ce qu'elles ont
« fait. » Donc il y avait *quelque chose à faire. *Ce *quelque
chose à faire* pouvait-il être fait en consultant la 4° classe
de l'Institut avant la promulgation du décret? Il est permis d'en douter.

Je suis surpris que l'auteur de l'article ne se soit pas mieux renseigné sur les dispositions de l'Académie des Beaux-Arts à l'endroit des réformes proposées. A la vérité, « il y a trente-trois ans, » l'Académie des Beaux-Arts fut mise en demeure d'aviser à réformer l'enseignement, sous le ministère de M. le comte de Montalivet, et l'on sait comment elle répondit à cet appel du ministre; mais en 1848, et à plusieurs reprises depuis lors, notamment peu de temps avant le décret du 13 novembre, des ouvertures furent faites à l'illustre corps pour l'engager à s'occuper de ces réformes. Si ces dernières tentatives n'eurent pas le retentissement de celles qui se produisirent il y a trente-trois ans, cela est assez naturel ; l'administration n'était guère d'humeur à recommencer une campagne dont elle n'avait recueilli qu'un affront public. En un mot, elle agissait officieusement au lieu d'agir officiellement. Si du moins ses ouvertures étaient repoussées par des fins de non-recevoir, elle évitait les désagréments d'un refus éclatant. A bout de tentatives officielles et officieuses, elle prit le parti que prend en pareille occasion toute autorité responsable, elle agit seule. C'était donc à bon droit que M. le ministre de la maison de l'Empereur disait dans le *Moniteur* du 26 décembre 1863 : « Si « mon administration n'a pas consulté l'Académie des « Beaux-Arts lorsque l'étude dont ces réformes ont été « l'objet m'a été présentée, l'*Académie ne doit s'en prendre* « *qu'à elle-même.* »

Je le répète, on peut être surpris que M. Vitet ait ignoré cette insistance de l'administration, en présence d'une persistance de refus perpétuelle, lui qui, à notre connaissance, comme tous les esprits éclairés s'occupant de la république des arts, s'élevait contre l'esprit exclusif apporté dans l'enseignement par la 4e classe de l'Institut.

M. Vitet fait aujourd'hui bien bon marché de la res-

ponsabilité qui pèse sur l'administration, fût-elle à la tête
des arts. Cependant, M. Vitet a longtemps vécu à côté d'elle,
et il ne peut ignorer quelle était l'influence légitime et bien-
faisante qu'elle exerçait lorsqu'il en dirigeait les rouages
avec cet esprit libéral que nous lui connaissions. Est-ce à
dire qu'à cette heure, elle soit totalement dépourvue de ces
intelligences qui d'une réunion d'employés indifférents peuvent faire un agent éclairé et actif ?

« Oui, dit l'auteur de l'article, dans notre jeunesse,
« cette Académie des Beaux-Arts pouvait passer pour
« close, presque murée, à nos idées les plus chères, à ce
« libéralisme esthétique dont nous étions dès lors, *dont nous*
« *sommes toujours*, les champions dévoués ; nous la trou-
« vions enchaînée à des partis pris inflexibles ; elle était à
« nos yeux tyrannique, oppressive, hors d'état de transiger
« sur rien ; peut-être cédions-nous à quelques préventions ;
« au fond, nous avions raison. C'était bien vraiment là
« l'Académie de cette époque ; c'était son penchant habi-
« tuel, son esprit dominant ; mais aujourd'hui nous tom-
« berions dans la routine à notre tour, si nous ne savions
« pas voir combien elle est changée... »

Mais en quoi donc, s'il vous plaît ? Le seul changement
réel aux yeux du savant critique ne serait-il pas qu'alors
il n'était pas académicien, et qu'aujourd'hui la compagnie
a eu le bon esprit de le faire asseoir au milieu d'elle ? Pour
nous qui n'avons et n'aurons pas cet honneur, l'Académie des Beaux-Arts est absolument en 1864 ce qu'elle
était en 1830, toujours en retard d'un demi-siècle. Les
noms ont changé, mais l'esprit est le même, et c'est mal
connaître les corps, quels qu'ils soient, que de supposer qu'il
en puisse être autrement ; car s'il en était autrement, l'Académie ne formerait plus un corps, elle n'existerait plus, elle
serait noyée dans le flot public ; à peine aurait-elle l'auto-

rité d'un *salon*. L'Académie (je ne m'occupe que de celle des Beaux-Arts) n'existe que parce qu'elle professe ces doctrines exclusives que M. Vitet blâmait énergiquement en 1830 ; c'est sa vertu, c'est son utilité même dirai-je, mais à la condition qu'elle n'ait pas d'action permanente, directe, exclusive, oppressive par conséquent, sur les générations qui s'élèvent. Je ne suis pas aussi radical qu'on veut bien me faire : je ne trouve pas inutile, encore moins funeste, qu'il y ait dans un État comme la France un corps gardien de certaines traditions ou doctrines : cela peut être, et c'est dans bien des cas, un frein nécessaire pour régler la marche des travaux intellectuels; mais si le frein est nécessaire en certaines circonstances, on ne songe pas à le serrer perpétuellement quand il s'agit de faire marcher un train. C'est un moyen exceptionnel, ce n'est pas l'état habituel. M. Vitet qui ne dédaigne pas d'employer la métaphore dans son article, voudra bien me permettre de me servir de celle-ci.

Peut-être eût-il mieux valu, pour éclairer l'esprit du public intéressé à ces débats, que M. Vitet eût apporté des preuves à l'appui de certaines de ses assertions : bien que, sortie de sa plume, une affirmation ait une certaine valeur, cependant cela ne saurait suffire : « Si quelque chose en ce « monde est prouvé, dit-il, c'est qu'il y avait dix raisons « pour une de consulter l'Académie... »

Ce qui est prouvé puisque c'est un fait, c'est que toutes les fois qu'on a consulté soit officiellement, soit par de simples ouvertures, l'Académie des Beaux-Arts, elle a toujours déclaré que tout était pour le mieux, et j'avoue qu'elle ne pouvait répondre autrement sans donner elle-même le premier coup de hache à son système. Mais M. Vitet, qui est un esprit philosophique, ignore-t-il ce que disent toujours au lendemain des révolutions ceux contre qui elles ont été faites : « Que ne nous consultiez-vous? vous obteniez paci-

fiquement et sans rien briser ce que vous croyez acquérir
en foulant aux pieds nos intérêts et en suscitant des tem-
pêtes qui vous feront périr avec nous : La forme! que ne
respectiez-vous la forme? Pourquoi cette précipitation? Vous
nous aviez laissé faire pendant deux siècles, que n'aviez-
vous encore quinze jours de patience? Nous étions à la
veille de nous entendre, de tout concilier, vos intérêts et les
nôtres. Vous ne nous laissez que la ruine, et vous recueillez
des inimitiés sans fin, des labeurs innombrables, le chaos... »
Or, quels sont les vrais révolutionnaires? sont-ce ceux qui
font les révolutions ou ceux qui les ont rendu nécessaires?
C'est ainsi que, dans ma jeunesse, j'ai entendu cent fois répéter que la révolution du dernier siècle était une surprise,
un malentendu, et qu'avec un peu de patience encore, on
obtenait pacifiquement ce qui ne fut acquis qu'à travers des
flots de sang et des ruines.

Les abus, l'exercice d'un pouvoir qui s'use et ne veut
rien changer à ses habitudes; le refus à toute concession,
sous le prétexte de ne pas laisser entamer une doctrine, un
principe, amènent chez les hommes des remontrances, des
protestations, des avertissements, des résistances, et enfin
des moyens violents ou expéditifs. C'est l'histoire et ce sera
toujours l'histoire des révolutions; à qui s'en prendre?

Mais pour rentrer sur notre terrain, personne n'a pu
croire à un entêtement irréfléchi, non plus qu'à une soumission plate de la part d'un corps composé d'hommes res-
pectables et respectés par les gens de sens.

On a bien constaté que l'Académie des Beaux-Arts ne
pouvait ou ne voulait rien faire; que saisie de l'enseignement, elle n'en céderait aucune parcelle; on a respecté son
non possumus. On ne lui a pas fait l'injure de croire à sa
souplesse et à son obéissance, puisqu'il n'y avait pas de sa
part à obéir, mais à laisser faire ou à protester, ce qu'elle

a fait. On a agi sans elle, parce qu'elle avait sans cesse refusé son concours. Qui donc a agi? c'est l'administration, le représentant des intérêts publics, des vôtres, des miens; représentant responsable, sommé cent fois de prendre une décision, accusé de longanimité, par vous-mêmes peut-être, autrefois. Et si l'Académie « s'est acquis l'estime uni-« verselle en défendant avec mesure, et non sans énergie, « sa dignité blessée, » il faut convenir que ses amis ont parfois compromis cette dignité en provoquant des récriminations, en jetant un blâme amer sur une administration qui prenait sur elle seule la responsabilité de la réforme, et acceptait bravement ainsi les difficultés qui suivent toute mesure de ce genre.

A mon sens, et après l'attitude bien connue de l'Académie des Beaux-Arts en présence de tout projet de réforme, il y eût eu peut-être dans le silence plus de dignité; mais ne disputons pas là-dessus, car chacun entend la dignité à sa manière.

L'Académie des Beaux-Arts et ses partisans étant descendus dans l'arène, quelque respect que l'on professe pour le caractère des membres de la compagnie, force nous est de combattre. Il ne m'appartient pas d'insister sur les défauts de formes ou de procédés dont l'administration des Beaux-Arts est accusée. L'administration des Beaux-Arts avait à sa tête, l'an dernier comme aujourd'hui encore, une réunion d'hommes assez éclairés et bien intentionnés pour n'avoir fait ce qu'elle a fait qu'après mûre réflexion. Si elle a agi seule, c'est qu'elle y était contrainte par l'attitude invariable de l'Académie; c'est là un fait prouvé. Trouve-t-elle dans l'exécution des réformes certaines difficultés? Oui, certes; mais qui les suscite? Ces difficultés sont-elles de nature à compromettre le succès de ces réformes et à faire retomber purement et simplement l'enseignement des

Beaux-Arts sous la tutelle académique? Personne ne le
croit; et, pour me servir d'une expression de l'auteur
de l'article inséré dans la *Revue des Deux-Mondes* du
1ᵉʳ novembre, que l'*on souffle le feu* de l'opposition, pendant
l'incendie ou lorsqu'il commence à s'éteindre sous la
cendre, dans l'espoir de le ranimer, la révolution est
inaugurée; il ne s'agit que de la diriger dans l'intérêt des
arts, en laissant de côté ces querelles qui n'ont, au total,
pour les artistes en dehors de l'Institut, qu'un intérêt
assez médiocre.

En effet, il semblerait que l'intérêt de l'art doit passer
avant celui des Académies, et si M. Vitet s'efforce de con-
fondre ces intérêts, nous trouverions dans maintes pages
remarquables du savant critique plus d'un passage qu'on
pourrait opposer aux opinions nouvelles qu'il émet dans la
Revue des Deux-Mondes. Mais je ne vois pas le profit que
les arts tireraient de ce parallèle, et je prends l'article tel
qu'il est, sans aller chercher dans les écrits de son auteur
s'il n'a pas été un des premiers et des plus énergiques
adversaires de la cause qu'il défend aujourd'hui. Or cet
article de la *Revue* renferme des opinions contradictoires
et jette la confusion sur quelques points de cette longue
discussion.

Il faut se rappeler qu'officiellement l'Académie des
Beaux-Arts et l'École des Beaux-Arts formaient deux corps
distincts; qu'officiellement l'Académie des Beaux-Arts
n'avait de rapports avec l'École que lors du concours des
grands prix de Rome; qu'en fait, l'École des Beaux-Arts
se trouvait placée sous l'influence exclusive de l'Académie,
par cette raison que les professeurs de l'École, se recrutant
par libre élection et étant en majorité membres de l'Académie, ne nommaient aux chaires vacantes que des confrères, que des hommes dévoués à l'Académie ou aspirant

au fauteuil. A défaut de raisons, la passion avec laquelle la 4ᵉ classe de l'Institut a défendu l'ancienne organisation de l'École serait une preuve qu'il existait une entière solidarité d'intérêts entre les deux corps. C'est cependant grâce à cette situation exceptionnelle de la 4ᵉ classe de l'Institut que des équivoques singulières ont obscurci la discussion; et, au lieu d'apporter ici la lumière, l'article de M. Vitet ne fait que rendre plus confus le rôle que l'Académie s'arrogeait dans l'enseignement des arts. En droit et en fait, l'Académie française, celles des Inscriptions, des Sciences, des Sciences morales, n'ont point à s'immiscer dans les questions administratives ou d'enseignement; elles distribuent des récompenses à la suite de concours dont elles posent les programmes, elles discutent sur des intérêts spéculatifs, mais ne prétendent à aucune action directe sur l'enseignement des lettres ou des sciences.

Elles laissent l'État libre de diriger l'Université, les écoles spéciales, comme il croit utile de le faire. Pourquoi donc l'Académie des Beaux-Arts seule prétendrait-elle exercer une influence directe sur l'enseignement? Je laisse la question de droit, qui est désormais jugée; mais sur quel intérêt d'ordre moral (en admettant que l'Académie des Beaux-Arts ne s'appuyât que sur celui-là) prétendrait-elle fonder son omnipotence de fait? M. Vitet ne le fait pas ressortir. Loin de là, l'auteur de l'article commence par déclarer que l'Académie « ne montre plus trace de son intolérance passée; qu'elle accepte et professe des vérités qu'elle repoussait comme hérésies; qu'elle entend et parle la langue de son temps; qu'elle participe un peu de la mollesse générale des convictions d'aujourd'hui [1]; que, par conséquent, prétendre introduire des réformes dans l'en-

1. Page 78.

seignement dont elle prenait seule la direction, c'est enfoncer
une porte ouverte; » puis, plus loin[1], il nous dit : « Il nous
faut des traditions, il nous faut des doctrines.... » Enten-
dons-nous, s'il nous faut « des traditions et des doctrines, »
ce ne peut être ce corps amolli qui nous les donnera, puisqu'il est éclectique; et alors le devoir de l'État, s'il partage
l'opinion de M. Vitet, est d'aller demander ailleurs que
dans une institution caduque ces doctrines et ces traditions.

D'autre part, M. Vitet, citant une opinion du rapport
de M. le surintendant des Beaux-Arts et confondant l'organisation du corps académique avec celle de l'École des
Beaux-Arts, argumente ainsi[2] : « On reconnaît pourtant
qu'une règle acceptée de tous permet une exception : les
corps savants se recrutent eux-mêmes. Pourquoi? Probablement parce que les savants seuls savent pertinemment
ce qui convient à la science, à ses progrès, à son honneur....
Or si un corps savant peut, sans troubler l'Etat, sans
danger pour personne, conserver quelque indépendance,
d'où vient qu'un *corps artiste* ne jouirait pas du même
droit ? » Mais, après comme avant le décret, l'Académie
des Beaux-Arts nomme aux fauteuils vacants; personne
ne lui conteste ce privilége; il ne s'agit pas de cela, il
s'agit de l'enseignement, de l'action que l'Académie des
Beaux-Arts, seule entre ses sœurs, exerçait sur l'enseignement; or c'est cette action que M. Vitet appelle « l'indépendance de l'école des Beaux-Arts. » En fait, l'école
des Beaux-Arts était sous la dépendance de l'Académie
des Beaux-Arts par son mode de recrutement des professeurs, comme il a été dit plus haut; et, en droit, par le
jugement suprême du grand prix de Rome. Donc l'Aca-

démie, et non l'École, pouvait se considérer comme indépendante. L'Académie est un corps qui n'a aucun caractère administratif, qui n'encourt aucune responsabilité. Il n'en peut être de même d'une école. Dès lors, ne voit-on pas les inconvénients résultant de l'ancien état de choses, qui plaçait un établissement d'enseignement sous l'influence d'une compagnie n'ayant nul compte à rendre de ses moyens d'action? Était-ce là une condition d'indépendance pour l'école? Mais ce qui nous touche, ce n'est ni le plus ou le moins d'indépendance de l'Académie ou de l'École, c'est l'indépendance des artistes. Peut-on soutenir que les artistes, soumis au régime que le décret du 13 novembre a dû détruire, fussent indépendants?

Les maîtrises aussi étaient indépendantes; est-ce à dire que les artistes ou artisans qui les formaient, ou qui entraient en apprentissage chez elles, fussent indépendants? et n'est-ce pas pour soustraire quelques artistes distingués à cette dépendance que Colbert fonda une institution séparée, une Académie, un *conseil des anciens?* Institution parfaitement motivée alors en face des vieilles maîtrises, nuisible pour diriger l'enseignement, aujourd'hui qu'il n'y a plus de corporations.

Colbert établissait un corps privilégié pour lutter contre des corporations privilégiées : alors que toute la société était établie sur des priviléges, cela était logique; mais conserver des priviléges à un corps au sein d'une société où il n'existe plus de priviléges, n'est-ce pas appeler l'abus? n'est-ce pas une atteinte sinon à l'indépendance de ce corps, du moins à l'indépendance des artistes, qui ne croient pas nécessaire d'en faire partie?

L'art est une expression individuelle et non collective; l'indépendance d'un corps ou d'une école, admettant que cette indépendance soit complète, ne peut donc être une

condition d'indépendance pour les artistes. Mais qu'est-ce
donc que cette indépendance d'un corps, d'une école? Que
M. Vitet me permette de le lui dire, bien qu'il le sache
comme moi : ce n'est autre chose qu'une petite tyrannie
exercée par deux ou trois chefs ayant acquis une influence,
plus ou moins bien justifiée, sur un cénacle se soumettant
à cette tyrannie pour acquérir, à son tour, le droit de gou-
verner la république. Cela est vieux comme le monde.
Qu'on appelle ce système théocratie, oligarchie ou académie,
le fond est le même, les résultats sont identiques, et ces
résultats sont l'abaissement graduel des intelligences, la
démoralisation, l'ostracisme réservé à l'initiative.

Si une chose me surprend, c'est qu'on soit obligé, en
l'an 1864, de répéter ces vérités un peu vieilles, et de les
répéter à qui? à l'un des hommes qui ont le plus contri-
bué jadis à les répandre dans le domaine de l'art. M. Vitet
me dit[1] : « que j'ai repris mes vieilles exigences, mes dé-
sirs sans limites, mes besoins de franchise. » Je ne les ai
point repris, puisque je n'ai jamais cessé, sinon d'exiger,
du moins de provoquer des sentiments de liberté chez les
artistes, et d'essayer de leur démontrer que l'art ne s'est
développé que sous l'influence de ces sentiments. Ne vau-
drait-il pas mieux nous prouver le contraire, que de tenter de
soutenir, dans un intérêt étranger à l'art, une institution qui
croule. Pourquoi donc les artistes sincèrement dévoués, dévoués par conviction au dogme académique, ne prennent-ils
pas eux-mêmes la plume pour nous prouver que nous sommes
dans l'erreur? Pourquoi donc, pour soutenir leurs opinions,
ont-ils recours à des critiques émérites, mais qui ne sont pas
artistes? et pourquoi M. Vitet, qui nous dit que dans les questions de science « les savants seuls savent pertinemment

1. Page 101.

ce qui convient à la science, » remplit-il quelques pages de la *Revue* pour nous faire savoir ce qui nous convient? Comment expliquer que, dans la politique, les lettres, les sciences morales ou exactes, les hommes compétents seuls discutent avec autorité les opinions divergentes, et que, dans le domaine de l'art seulement, les artistes font représenter leurs opinions par des champions complétement étrangers à la pratique de l'art? C'est parce que l'Académie des Beaux-Arts, ayant été depuis trop longtemps à la tête de l'enseignement, loin de développer chez les artistes l'indépendance morale qui est une condition de leur talent, n'a pu former que des séides ou tout au moins des neutres s'abstenant de professer des opinions personnelles pour ne point se brouiller avec une compagnie qui, je le répète ici, gardait soigneusement toutes les issues. Que M. le secrétaire perpétuel de l'Académie des Beaux-Arts, que M. Vitet lui-même ne s'y trompent pas, si, parmi les artistes, quelques-uns par conviction, d'autres par intérêt, sont bien aises de voir les *priviléges* académiques défendus par des plumes élégantes aimées du public, leur confiance en ces puissants auxiliaires ne va pas jusqu'à les suivre dans leurs opinions sur la pratique de l'art. Laissez donc ces questions pratiques à traiter aux artistes qui, « probablement, » savent mieux que personne ce qui convient à l'enseignement des arts du dessin. Or quel est l'artiste, même faisant partie de la 4ᵉ classe, qui ait fourni de bonnes et solides raisons en faveur du régime de l'École des Beaux-Arts antérieur au décret du 13 novembre? Ce silence n'est-il pas un symptôme de nature à éclairer les critiques s'occupant des matières d'art? Serait-ce dédain? oh, que non pas! quel est l'homme convaincu qui dédaigne d'appuyer ses convictions aux yeux de tous sur de bonnes raisons? Serait-ce impuissance? Vous ne faites pas cette injure aux artistes. Alors pourquoi servir

de procureurs à des clients qui ne croient même pas aufond
à la valeur pratique de la cause que vous plaidez pour eux
avec un talent incontestable?

M. Vitet termine ainsi la première partie de son article :
« Nous allons donc dire notre avis franchement, sans complaisance et sans hostilité[1]. »

Au total, l'impartialité de l'auteur de l'article l'oblige à
déclarer que tout est à déplorer dans les nouvelles mesures prises, sauf un seul point minime relativement, et
que l'ancienne organisation, amendée légèrement, serait
excellente. Suivons pas à pas l'argumentation de M. Vitet.
Il admet[2] : « que l'originalité dans les arts est le don
souverain, la qualité suprême... » que « le savoir le plus
consommé, les plus patients efforts, la plus solide expérience pâlissent devant la moindre flamme de véritable originalité. » Après quoi M. Vitet distingue deux originalités, une
petite et une *grande* : que les entraves ne peuvent arrêter
l'essor de la *grande*, mais que pour la petite, fragile, pé-
rissable, il est bon de la tenir en laisse; que d'ailleurs le
public récompense suffisamment cette dernière par ses ap-
plaudissements et à l'aide de sa bourse. Raisonnons un peu.
Si la *grande* originalité se développe malgré les barrières
que vous lui opposez, à quoi bon ces barrières? Si la *petite*
a le mérite de plaire au public, pourquoi voulez-vous l'é-
touffer et empêcher ce bon public, qui après tout a bien le
droit d'avoir un goût à lui, d'en profiter? Et sur quel fon-
dement, sur quelle révélation, quel dogme invariable, vous
appuyez-vous pour gêner la *grande* originalité ou soumettre
la *petite* dans leur développement? Vous vous appuyez sur
les doctrines académiques. Définissez-les, non vaguement,
non par un miroitage de phrases heureusement trouvées,

1. Page 79.   2. Page 80.

mais par un énoncé pratique, clair et précis. Le pouvez-
vous? Non, puisque vous venez de nous dire tout à l'heure
que l'Académie des Beaux-Arts « participe de la mollesse
générale des convictions d'aujourd'hui[1], » ce qui équivaut à
dire qu'elle n'a pas de conviction en fait d'art. Alors en
quoi donc consistent ces entraves salutaires dont vous parlez?
En un enseignement?.. M. le surintendant affirme, et vous-
même convenez « que depuis un assez long temps, un *certain* relâchement *pouvait* s'être introduit dans l'établissement
principal, dans le centre de nos études, l'École Impériale
des Beaux-Arts[2]. « Alors où était donc ce frein si regret-
table, cette direction si utile qui ne devait pas supprimer la
grande originalité, mais qui empêchait seulement la *petite*
d'amuser le public? En quoi donc consistaient ces traditions précieuses, dispersées au souffle du décret du 13 novembre? Nous allons vous le dire « franchement, sans
complaisance, sans hostilité » et en peu de mots. C'était
une puissante camaraderie (d'autres disent coterie), et pas
autre chose, dont tous les membres attentifs seulement à se
faire la courte échelle, repoussant surtout l'originalité petite
ou grande, ne demandaient qu'à ne pas laisser troubler l'eau
stagnante sur laquelle ils naviguaient paisiblement sous le
même pavillon. Pourquoi M. Vitet, avocat officieux, après
M. Beulé avocat officiel, se fait-il le défenseur de la prédo-
minance que l'Académie des Beaux-Arts exerçait sur les
artistes en maintenant à l'École un enseignement reconnu
insuffisant, et en étant maîtresse des jugements suprêmes?
Cela est difficile à expliquer si l'on admet que l'éminent critique ne considère que l'intérêt de l'art. On ne saisit pas trop
cette distinction établie entre *les originalités*; où finit la
première, où commence la seconde? De ce que les œuvres

1. Page 78.   2. Page 82.

2

de Raphaël possèdent une originalité incontestable, s'en-
suit-il que celles de Metzu n'en soient pas pourvues? et si
l'originalité répandue dans les ouvrages de Raphaël est su-
périeure à celle qui nous charme dans les tableaux de Metzu,
faut-il pour cela supprimer, étouffer le sentiment personnel
du flamand et l'obliger à nous donner des reflets pâles
du maître italien? Nous voudrions que M. Vitet, qui a si
judicieusement écrit sur les arts, nous expliquât plus claire-
ment la classification qu'il établit entre les originalités, car
jusqu'à ce jour, nous pensions que l'originalité, qualité suprême dans les productions d'art, doit avant tout être res-
pectée et protégée. Pourquoi vous faire juge de la dose d'originalité que le ciel a répartie dans chaque artiste? quel danger
pour l'art voyez-vous à ce qu'elle se développe dans sa
mesure? Vous vous déclarez impuissants à éteindre ce qu'il
vous plaît d'appeler la grande originalité, et alors vous vous
rejetez sur la petite (je ne parle pas de la fausse qui n'est
pas, puisqu'elle est fausse), pour la déclarer impertinente
et la supprimer. Mais à quoi bon? Le public préfère un tableau d'un style inférieur, si vous voulez, mais original, à
un pastiche de M. Ingres; a-t-il tort? Et pour combattre ce
que vous appelez « des caprices spirituels, de gracieuses
fantaisies[1], » quelles armes employez-vous? Est-ce un enseignement robuste, éclairé, étendu? Non, l'Académie n'en
avait pas. Les « rudes études » dont vous parlez n'étaient
autre chose que des concours répétés, et répétés en vue de
façonner chaque artiste au goût des maîtres dominants à
l'École, en vue de supprimer précisément cette « moindre
flamme » que vous-mêmes considérez comme un don souverain, inviolable.

« Ainsi, dit M. Vitet[2], l'esprit, le principe du décret,

1. Page 84.   1. Page 82.

l'idée de *patronner*, par préférence et avant tout, l'originalité personnelle, c'est-à-dire d'*enseigner ce qui ne s'enseigne pas*, cette idée fausse et dangereuse en soi le devient d'autant plus qu'elle est moins opportune et qu'elle favorise outre mesure des penchants déjà surexcités, des penchants qu'il faudrait combattre ou tout au moins régler et contenir. »

En s'exprimant ainsi, M. Vitet fait-il preuve de cette impartialité et de cette franchise qui devaient régler, suivant lui, sa critique? *Patronner* n'est pas *enseigner*. Si l'originalité ne s'enseigne pas, ce que personne ne conteste, il ne faut pas qu'un semblant d'enseignement puisse gêner et étouffer l'originalité. Il ne faut pas que, sous prétexte d'enseignement et au moyen d'épreuves qui ne sont qu'une *filière*, n'en déplaise à M. Vitet, on puisse amener les jeunes artistes à chercher avant tout des succès d'école aux dépens de leur originalité, ou, si on l'aime mieux, de leurs aptitudes naturelles. L'esprit, le principe du décret, aux yeux de tout lecteur impartial, est celui-ci : renforcer les études, étendre leur champ, supprimer le dogme, si tant est que l'on puisse donner ce nom à un esprit de coterie qui prenait sa source dans des intérêts fort étrangers à l'art.

Je ne suivrai pas M. Vitet dans la critique pleine d'indulgence qu'il fait des méthodes d'enseignement adoptées par l'école des Beaux-Arts avant le décret. La cause est jugée depuis longtemps ; ces méthodes, de fait, n'existaient pas. Je ne m'attarderai pas avec lui dans ces à-peu-près, qui n'ont rien de pratique et qu'il veut bien nous donner comme des solutions, des transitions, des améliorations. Ce n'est pas de cela qu'il s'agit. M. Vitet le reconnaît lui-même et n'y attache pas autrement d'importance. Pour lui, comme pour nous, la question se réduit à ceci : ou

conserver ce qu'il appelle l'indépendance de l'École et que
nous considérons comme un monopole funeste au progrès
de l'art, ou détruire ce monopole. Le conserver, même
avec des modifications, c'était ajourner une réforme devenue
nécessaire, ébranler davantage un édifice vermoulu, sans
pouvoir rien établir de durable ; c'était mettre tout le
monde contre soi, et les partisans de la suprématie académique qui auraient accepté de mauvaise grâce toute modi-
fication au principe qu'ils regardent comme le seul bon, et
les partisans de la liberté en matière d'art. De ces réformes
introduites par le décret, amendées par le règlement du
16 janvier, il n'est resté véritablement que le choix des
professeurs par l'État et l'institution d'un jury indépendant ;
c'est là un point capital, une déclaration de principes ;
aussi est-ce contre ces nouvelles institutions que M. Vitet
voudrait diriger ses arguments les plus acérés. « Non, dit
M. Vitet[1], le seul vrai motif des rigueurs du décret, c'est
la conviction personnelle de ceux dont il est l'ouvrage,
conviction purement *esthétique*, mais *exclusive* et *absolue*.
Ils n'ont pas voulu transiger, parce qu'une transaction
n'eût fait que maintenir, même en le mitigeant, le régime de l'ancienne École, le recrutement du professorat
par lui-même, et que tout corps qui se recrute ainsi, qui
perpétue son existence par le droit de libre élection, perpétue en même temps ses doctrines, fonde et transmet des
traditions : or, des traditions, des doctrines dans l'opinion
des créateurs du décret, ce n'est pas autre chose que l'escla-
vage de l'art.... Ils sont donc conséquents.... » M. Vitet
l'est-il à son tour ?... Comment les promoteurs du décret
auraient-ils manifesté des convictions *exclusives* et *absolues*
en instituant un jury désigné par le sort ou par le suffrage

1. Page 86.

des artistes, à la place d'un jury se recrutant par lui-
même? En ouvrant des chaires libres dans le sein de
l'École? En composant un conseil supérieur renouvelable?
En permettant aux lauréats, suivant leurs goûts particuliers
ou leurs aptitudes, de voyager, non-seulement en Italie, à
Rome, mais partout ailleurs? C'est donner au mot *exclusif*
une signification toute nouvelle, en.vérité. Des deux patro-
nages, quel est celui qui est exclusif? Est-ce celui
qui *impose* aux jeunes gens le séjour de l'Italie et de
l'Attique pendant cinq ans, ou celui qui, n'*imposant* qu'un
séjour de deux ans à Rome, leur permet, pendant les deux
dernières années, de voyager où bon leur semblera ? Une
trop longue expérience n'a-t-elle pas démontré surabon-
damment que le mode de recrutement du professorat par
les professeurs tendait à abaisser chaque jour le niveau des
études et à substituer au maintien de doctrines d'art une
sorte d'asservissement intellectuel? Ignorons-nous comment
ce corps de professeurs distribuait les récompenses entre
ses élèves? Est-ce donc un mystère? Ne savons-nous pas
qu'il s'établissait entre eux tous (et cela est bien naturel)
une sorte de compromis étranger aux intérêts de l'art, à
l'aide duquel, avec de la patience et de la soumission,
l'élève arrivait à ces récompenses graduées qui lui tenaient
lieu de mérite réel? A quoi bon revenir sur toutes ces
questions, vidées depuis longtemps, mais que M. Vitet
laisse de côté pour les besoins de sa cause? Dans quelle
école voit-on les professeurs se recruter eux-mêmes? Les
études déclinent-elles dans les écoles polytechnique, normale, de médecine et de droit, dans l'université même,
bien que dans ces établissements les professeurs soient
nommés par l'État? N'est-ce pas, au contraire, une condition
de vitalité pour ces écoles que cette influence extérieure
apportant sans cesse de nouveaux éléments? Est-ce à

M. Vitet, qui a longtemps participé aux affaires publiques
en y apportant une élévation d'esprit peu commune, de
considérer toujours l'État comme une sorte d'ennemi de
toute mesure libérale et judicieuse? Que l'État puisse se
laisser tromper dans un choix, cela n'est pas douteux;
mais, après tout, l'État est mieux que personne en situation,
surtout lorsqu'il s'agit de questions étrangères à la politique, de connaître, de distinguer les hommes capables,
quel que soit leur drapeau, et son intérêt le plus réel est
certainement de les employer. Mais voyez quelles singulières contradictions : cette Académie des Beaux-Arts, que
M. Vitet nous présentait tout à l'heure comme imbue de
l'éclectisme moderne, il nous la montre ici comme pouvant
seule fournir ce « lest nécessaire sans lequel le talent
s'aventure et se perd dans d'impuissantes navigations[1]. »
Une comparaison en vaut une autre; nous répondrons
donc qu'en fait de traditions, l'Académie des Beaux-Arts
n'ayant d'autre souci que de mettre le navire sous la main
d'un état-major exclusivement choisi par elle, l'administration, vous et moi, à qui le navire appartient, qui le
montons, qui le trouvons mal approvisionné et allant à la
dérive, avons bien le droit de choisir un autre état-major
partout, dans l'Académie même si bon nous semble; et
voilà ce qu'on appelle des procédés *exclusifs* et *absolus*.
C'est un peu abuser des termes.

Au lieu de soutenir les droits que prétend posséder cet
état-major oligarchique, que ne nous démontre-t-on l'excel-
lence de ses méthodes, de ses doctrines? or, les méthodes
n'existent pas; les doctrines, M. Vitet ne signale que leur
relâchement. En fait de raisons, on ne nous oppose que
des dédains, des fins de non-recevoir ou des métaphores
qui n'ont même pas pour elles l'à-propos.

1. Page 86.

« La concurrence, nous dit M. Vitet, voilà la guerre qu'il fallait déclarer, guerre loyale, en champ clos, qui ne tue pas les gens, mais qui les aiguillonne[1]. » Sans chercher ce que peut être une guerre qui ne tue pas les gens, nous demanderons à M. Vitet comment, en face d'un corps privilégié possédant seul l'enseignement, les moyens de récompense, qui avait la main sur tous les encouragements, sur les places, qui pouvait condamner à l'ostracisme tous ceux qui ne partageaient pas ses passions et ses intérêts exclusifs, qui était largement subventionné par l'État, comment, en face d'une congrégation si puissante, la concurrence était possible ? Cela est dérisoire. Et sait-on comment M. Vitet entend établir cette concurrence ? C'est en transformant l'école de dessin, celle établie dans le quartier Latin, spécialement destinée aux jeunes gens qui se destinent aux arts industriels. Mais si M. Vitet considère l'intervention de l'État comme funeste rue Bonaparte, comment serait-elle efficace rue de l'École-de-Médecine ? Voilà ce qu'il ne prend pas la peine de nous expliquer.

Certes, « les doctrines les plus absolues n'ont jamais opprimé personne, lorsqu'en face d'elles d'autres doctrines se manifestent librement. Il n'y a de tyrannie que par le monopole[2]. » C'est exactement ce que nous avons toujours pensé et dit. Il fallait donc que l'État, qui possède et paye une école des Beaux-Arts rue Bonaparte, en fondât un autre à grands frais, dans une rue voisine, et pourquoi ? pour laisser à messieurs les membres de la 4ᵉ classe leurs priviléges, leurs immunités, leur droit à laisser tomber l'enseignement. C'est pour le coup que le « budget de l'État en porterait de lourdes traces. »

« L'École des Beaux-Arts, continue M. Vitet[3], était,

---

1. Page 88.   2. Page 89.   3. Page 89.

depuis 1803, depuis sa reconstitution, seule maîtresse de
notre enseignement, sans concurrence, sans contre-poids;
nous-même, plus d'une fois, nous avions signalé les dangereuses conséquences de cet isolement; mais peut-on se
vanter d'avoir détruit un monopole, lorsqu'en le détruisant
on l'a du même coup remplacé par un autre? Comprend-
on ceux qui prônent comme un acte de libéralisme cette
simple permutation d'une influence exclusive contre une
autre qui l'est également? Monopole administratif, ou monopole indépendant, nous demandons quelle est la différence? » D'une part, M. Vitet considère l'administration
comme mobile, incapable de composer un corps de doctrines, de maintenir des traditions; bien plus, il lui reproche
de « troubler cette *pauvre jeunesse*, de ne lui donner que
des doutes en place de leçons, de la laisser juge des questions *les plus insolubles;* » d'autre part, il l'accuse de rempla-
cer un monopole par un autre. Mais si l'École des Beaux-
Arts, sous la main de l'Académie, était parvenue à établir
un monopole en s'appuyant sur des doctrines exclusives,
comment l'administration, qui ne prétend imposer aucune
doctrine, pourrait-elle à son tour établir un monopole? En
quoi consisterait ce monopole? Puis qu'est-ce qu'un monopole indépendant, si ce n'est une coterie abritée derrière
des priviléges, repoussant toute influence extérieure, ne relevant que d'elle-même, jugeant, récompensant ou con-
damnant sans appel? Et ne sommes-nous pas en droit de
dire à notre tour, en relevant des arguments ainsi pré-
sentés, ces contradictions : « quelle tolérance? quelle largeur d'esprit? »

   Pauvre jeunesse, en effet, dont les études, les espéran-
ces, l'avenir, étaient ainsi laissés à la discrétion du *monopole*
indépendant! Pauvre jeunesse si bien dressée à la servitude
intellectuelle, qu'elle n'a plus conservé d'énergie que pour

insulter ceux qui en réclament l'abolition! Pauvres artistes
dont les intérêts servent de marchepied à des rhéteurs
mécontents pour embarrasser une administration dévouée,
par aventure, aux principes de liberté et de justice! On ne
nous accusera pas d'être les défenseurs du régime administratif, nous l'avons prouvé ailleurs, mais si notre con-
science avait dû balancer lorsque nous avons jugé opportun
de reprendre notre indépendance complète, l'article de la
Revue des Deux-Mondes serait venu à propos pour nous démontrer l'avantage de ce parti dans la cause que nous défen-
dons. Nous pouvons ainsi du moins dire nettement ce que
nous pensons, et prendre même la défense de cette administration accusée de *monopoliser l'anarchie.*

Certes la condition de tout enseignement est d'être mé-
thodique, suivi, régulier, sinon dogmatique. Le *monopole
indépendant* de l'École des Beaux-Arts était depuis 1803
(c'est M. Vitet qui parle) « seul maître de notre enseignement, sans concurrence, sans contre-poids; nous-même,
plus d'une fois, nous avions signalé les *dangereuses conséquences* de cet isolement. » De plus, nous ajoutons : cet
enseignement n'existait pas, M. Vitet le déclare au moins
très-relâché. L'administration, cette impersonnalité mobile,
variable, subissant des influences diverses, par conséquent
le contraire du monopole, par un effort bien rare dans ses
annales, a le courage un jour de faire acte de libéralisme,
de supprimer ce *monopole indépendant*, impuissant à enseigner, mais prétendant conserver son influence supé-
rieure dans le gouvernement de la république des arts. Elle
organise, elle réforme cet enseignement relâché, elle veut
sincèrement inaugurer une ère de liberté, elle convie tous
les artistes, même ceux faisant partie du corps que vous
déclarez vous-même exclusif, à prendre part à ses travaux,
elle leur soumet avec confiance la rédaction d'un règlement,

et vous l'accusez d'appeler l'anarchie, d'élever une tour de Babel? Vous dénoncez son appel à toutes les idées, à toutes les méthodes, la discussion libre qu'elle provoque comme « un monopole, » d'abord, puis « comme un jeu factice de contradictions convenues, à la fois puéril et énervant. » Est-ce là de la « largeur d'esprit » est-ce de la logique? Vous comparez cet effort de l'administration des Beaux-Arts à ce « malheureux système, la plaie de nos colléges, que le pouvoir mieux inspiré détruit peu à peu chaque jour. » Mais on entre à l'École des Beaux-Arts de seize à vingt ans et non à dix ans, et s'il peut paraître funeste de mettre un enfant de douze ans en face du choix d'une carrière, il est clair que le jeune homme entrant à l'école des *Beaux-Arts* veut être artiste; il ne s'agit plus de choisir une carrière, mais, dans la carrière choisie, de profiter de l'enseignement le plus propre à développer les aptitudes naturelles de chacun. En vérité, en présence de ces contradictions, de cette transposition des faits, la discussion est embarrassante, et si M. Vitet a prétendu répandre sur une question déjà fort embrouillée plus de confusion encore ou plus d'incertitude, il y a bien réussi. Cette tactique peut-elle servir les intérêts de l'art? qui le croira?

Mais voici où l'article de la *Revue des Deux-Mondes* prend un intérêt particulier :

M. Vitet[1] signale la contradiction qui existe entre le décret du 13 novembre et les règlements du 16 janvier. Il n'a point tort, car cette contradiction est flagrante, et à ce propos, M. Vitet parle des « étranges discordes qui viennent d'éclater. » Ceci devient instructif pour tout le monde, et je demanderai la permission de citer, pour l'intelligence de cette partie de l'article de la *Revue*, le passage de la bro-

1. Page 93.

chure à laquelle M. Vitet fait allusion....[1] « Un règlement
élaboré par le *conseil supérieur d'enseignement*, règlement
confus, compliqué, remit les choses absolument sur le pied
où elles étaient avant le décret..... Comment donc l'administration a-t-elle pu détruire aujourd'hui, par des articles
réglementaires, ce qu'elle avait provoqué hier en obtenant
le décret? Elle s'était adressée, pour rendre ces réformes
exécutoires, à ceux-là même contre les doctrines desquels
ces réformes étaient faites. Elle n'avait pas cru devoir consulter l'Académie des Beaux-Arts avant le décret, et cela
pour cause; elle la consulta lorsqu'il s'agit de le mettre à
exécution, *non comme corps*, mais en introduisant dans le
conseil supérieur un certain nombre de membres de l'Institut. C'était généreux, mais ce n'était pas politique, et le
règlement fut érigé en obstacle... » Or, M. Vitet n'approuve
pas la teneur de ce règlement, il n'approuve ni l'esprit ni
la forme du décret, il aurait voulu qu'on consultât l'Académie avant le décret et il s'égaye un peu de ce que plusieurs
de ses membres ont consenti à entrer dans le *conseil supérieur* pour ériger en obstacle le règlement que ce conseil
était chargé d'élaborer. Il se rend garant des dispositions
libérales de la quatrième classe de l'Institut, si elle eût été
appelée à délibérer sur la réforme, et il reconnaît que
l'esprit de ces réformes, sur un point capital, et en ce
qu'il avait de bon, a été vicié, autant que faire se pouvait,
par des conseillers tirés de l'Académie. Cela lui semble de
bonne guerre, et il ajoute : M. le Ministre de la maison de
l'Empereur s'aperçut « qu'il s'était donné, lui, *monar-
chique*, des associés *républicains* et qu'il avait pour eux,
sans le savoir, tiré les marrons du feu;... qu'on le *menait*
trop loin... que *son* décret n'était considéré par *quelques-uns*

---

1. *Intervention de l'État dans l'enseignement des Beaux-Arts.*

de ses conseillers que comme un premier pas vers l'absolu
radicalisme...[1] » Cette façon de présenter les choses et de
discuter, n'est-elle pas empreinte d'une « grande largeur
d'esprit? » Et les honorables membres de l'Académie des
Beaux-Arts ne doivent-ils pas être flattés du rôle que leur
donne ici, non point un adversaire de leurs priviléges, mais
un défenseur? N'y a-t-il pas dans ces *marrons tirés du feu*
une certaine saveur attique, que l'on aime à rencontrer
chez un critique délicat? « On fait table rase à l'École, ajoute
M. Vitet [2], on renouvelle l'enseignement tout entier, et la
seule partie qu'*on* réintègre et qu'*on* restaure (les épreuves
multipliées), est précisément celle où nous aurions souhaité
le plus de changement! » Remarquons que ces *on* ne sont
autres que les membres de l'Académie introduits dans le
conseil supérieur, qui ont fait si bonne brèche au décret par
la rédaction du règlement. N'est-ce pas édifiant? Mais pour-
suivons : M. Vitet engage la discussion sur l'enseignement [3].
« Enfin, dit-il, sans attacher à la nouvelle chaire d'histoire
de l'art et d'esthétique le même caractère d'urgence et de
nécessité qu'au cours de gravure, ne refusons pas d'y voir
un heureux complément à l'enseignement de l'École. »
M. Vitet ne nous dit pas en quoi ce cours n'a pas un caractère d'urgence, mais il ne veut pas être prodigue d'éloges,
voilà tout. Pour occuper cette chaire, au lieu d'un novateur
en titre, ajoute M. Vitet, « suspect de parti pris, réduit à
donner des gages contre ses propres opinions, c'était un
classique qu'il fallait, un *classique éprouvé*, un *franc ami
du Parthénon*, mais d'*esprit assez large* et *de vues assez
hautes* pour se complaire aussi sous les souples arceaux
de la Sainte-Chapelle, et pour en révéler à ses disciples les
mystérieuses beautés. »

1. Page 93.   2. Page 94.   3. Page 94.

Voilà de la tolérance et de la largeur dans les idées, ou nous ne nous y connaissons pas; cela eût dû sortir de la plume de M. le secrétaire perpétuel de l'Académie des Beaux-Arts, qui naguère traitait si dédaigneusement ces « architectes diocésains » soupçonnés par lui ne n'être point parmi ces *francs* amis du Parthénon. Oui, c'est bien ainsi qu'on vous classe à l'Académie, nos chers confrères; vous voilà étiquetés, parmi les *francs,* les *tièdes* ou les *faux* amis du Parthénon, et une fois étiquetés, si vous admirez un peu plus que ne vous le permet votre étiquette, c'est que vous en êtes « réduits à donner des gages contre vos propres opinions » pour faire votre cour, probablement, aux commandeurs de l'ordre des *francs* amis. Condescendance bien inutile, vous le voyez, car on vous rejettera dans vos limbes, dont on vous permettra d'admirer les mystérieuses beautés, en vous tenant d'ailleurs pour exclusifs et absolus. La compagnie des *francs* amis du Parthénon, gardienne de l'Acropole d'Athènes et de son escalier, ne vous en permettra pas l'accès tous les jours; cette Acropole est le vestibule qui conduit à tout; il faut éviter l'encombrement.

« Ne nous arrêtons pas à ces détails, » bien qu'ils soient instructifs. Passons à l'organisation des nouveaux ateliers, que M. Vitet n'approuve pas plus que le reste.

Il paraît que les *réformateurs déçus* ont pris de l'humeur, mais qu'il leur reste neuf ateliers, ce qui est bien fait pour les consoler. Ne comprenant pas le sens attaché à ce passage, nous nous contenterons de discuter la question d'art sans nous préoccuper des personnes.

« Aussi, nous dit M. Vitet[1], nous aurions voulu qu'avant d'en venir à l'expédient de créer des ateliers dans l'École elle-même, on eût *sérieusement* tenté tous les

1. Page 95.

moyens d'en faire naître au dehors, et, par exemple, qu'on
eût favorisé par des encouragements, par des indemnités,
la création de locaux convenables ou compensé le renché-
rissement des loyers. » En vérité, il faut bien avoir ici
l'envie de blâmer pour voir, dans l'ouverture des ateliers à
l'École, autre chose que ce que demande M. Vitet. Que ces
ateliers soient placés sous un même toit, appartenant à
l'État, ou qu'ils soient loués aux quatre coins de Paris, au
moyen de ressources fournies par l'État, où est la différence?
D'ailleurs la mesure prise empêche-t-elle l'établissement
d'ateliers privés ? Cette mesure a-t-elle fait fermer ceux de
MM. Coignet, Duret, Lebas, Questel, etc.? Les temps où
quelques grands maîtres, comme David, Gros, Ingres, Per-
cier, pouvaient réunir autour d'eux un grand nombre
d'élèves dévoués, fanatiques même, est passé ; est-ce un
mal, est-ce un bien ? nous n'en savons rien. C'est un fait in-
contesté. Or, chaque jour voyait fermer un de ces ateliers cé-
lèbres transmis de maître en maître, et les élèves, éparpillés,
ne trouvaient plus ces centres d'émulation si nécessaires
lorsqu'on entre dans la carrière des arts. Dans la mesure de
ses moyens et sans grever son budget, l'administration a
voulu reformer ces noyaux dans un établissement pourvu
de tout ce qui est nécessaire à l'étude des arts, et on l'accuse
d'accaparement! de détruire, quoi? ce qui n'existait plus
qu'à l'état de décomposition. L'administration n'a-t-elle pas
proposé un de ces locaux à Flandrin ? s'il ne l'a point accepté, est-ce par des considérations d'art, ou de santé, ou
de camaraderie? Si les chefs des ateliers ouverts à l'École,
ateliers dans lesquels d'ailleurs le maître conserve sa complète liberté, sont occupés par des artistes que M. Vitet juge
insuffisants, à qui la faute? Les partisans des francs amis
du Parthénon ou de Rome sont-ils fondés à reprocher à
l'administration d'essayer le bien sans le concours de ceux-

là même qui ont refusé de s'y associer par des motifs étrangers aux questions d'art ? Nous serons plus nets ; après le décret du 13 novembre, la première stupeur passée, on a essayé d'en neutraliser l'effet par des protestations, des réclamations, des manifestes, des appels aux passions d'école, au Conseil d'État, au Sénat ; on a accepté cependant l'action dans le conseil supérieur avec la ferme intention de « ronger la maille qui emporte tout l'ouvrage, » ou bien on a refusé tout concours, ce qui était plus franc. Maintenant les amis des boudeurs accusent l'administration de se priver du concours de tous ces Achilles retirés sous leur tente. Cependant, cette administration, après avoir ménagé ses adversaires jusqu'à compromettre le succès des réformes promises, après avoir essayé des concessions, ou obtenu des adhésions plus ou moins sincères, a vu s'accumuler les difficultés autour d'elle ; c'est bien ce que l'on s'était promis, car je le répète ici : « Si l'on se trouve en présence d'un corps et si l'on veut se soustraire à son influence, il n'y a nulle concession à faire, nul espoir à fonder sur une apparence d'adhésion. Rendez à un corps, auquel vous aurez enlevé des privilèges, la plus petite parcelle du pouvoir échappé de ses mains, il l'aura bientôt reconquis tout entier, et il le rendra plus oppressif par toutes les mesures que dicte l'esprit de réaction [1]. »

Au gré des opposants au décret, le vide n'était pas encore assez complet autour de l'administration, par le refus de concours ; il fallait faire croire à une réaction complète, tenir éloignée la masse des indécis, par conséquent entretenir une agitation qui tendait à faiblir ; on faisait à l'occasion parler les morts, on fermait la caisse des donations. On ne cessait de répéter aux élèves que les choses

---

1. *Intervention de l'État dans l'enseignement des Beaux-Arts.*

ne tarderaient pas à être remises sur l'ancien pied. Malgré
tout, le jury, la véritable conquête du décret et la seule
réellement conservée, fonctionnait et fonctionnait bien.
Aussi est-ce à cette « innovation suprême » que les der-
niers coups de l'Académie et de ses défenseurs devaient
s'adresser. L'article de M. Vitet en fait foi ; sur ce point
important, il accumule les arguments, et pour leur donner
plus de force aux yeux du public, pour présenter le décret
comme un dissolvant, il suppose toute une constitution an-
térieure au décret, en dehors des faits.

D'abord, M. Vitet confond habilement l'Académie des
Beaux-Arts avec l'École des Beaux-Arts, deux organisa-
tions, même avant le décret, comme nous l'avons dit déjà,
aussi distinctes que peuvent l'être l'Académie Française et
l'École Normale, ou l'Académie des sciences et l'École polytechnique ; et il s'écrie[1] : « Qu'est-ce, en effet, qu'une
Académie des Beaux-Arts purement honorifique, sans autre
attribution que de prêcher des théories, sans autre action
sur la marche des arts que d'abstraites remontrances ou
des conseils toujours inappliqués? (pourquoi, toujours inappliqués?) Réduite au rôle de corps savant, notre quatrième
classe de l'Institut n'a vraiment plus sa raison d'être. Voyez
les autres classes, ses voisines, ses sœurs, compagnies purement littéraires et savantes..... Ne se croiraient-elles pas
isolées du public, étrangères au mouvement des esprits,
sans vie, sans action réelle et presque sans utilité pratique,
si de nombreux concours, proposés et jugés par elles, ne don-
naient pas les preuves incessantes de leur activité et l'exemple
sensible de leurs doctrines, de leur enseignement? » Mais
permettez, si les trois premières classes de l'Institut mettent
certaines questions au concours, donnent des prix, ces con-

1. Page 104.

cours préparés et jugés par elles s'adressent au public tout
entier et non point à une école; ce n'est pas l'Académie
française qui donne les programmes des concours à la
Sorbonne, ce n'est pas elle qui les juge. Ce n'est pas l'Académie des sciences qui fait subir des examens aux élèves
de l'École polytechnique. Rien dans le décret du 13 novembre ne s'oppose à ce que la quatrième classe de l'Institut, comme ses sœurs, ne prépare et ne juge de nombreux concours en dehors de l'École des Beaux-Arts, qui
doit avoir son organisation spéciale, comme toute école,
et qui doit rester sous la main de l'État, puisqu'en France
tout ce qui touche à l'enseignement dépend de l'État, jusqu'à présent. La preuve que la quatrième classe peut fonc-
tionner comme ses sœurs, c'est qu'elle vient de donner, il
y a quelques jours, divers programmes au concours; c'est
qu'elle distribue des récompenses au moyen de donations
dont elle dispose en toute liberté.

M. Vitet confond donc ici, à plaisir, deux influences
parfaitement distinctes : celle exercée sur l'enseignement,
que repousse le décret, et celle exercée sur les travaux libres
ou provoqués par l'Académie des Beaux-Arts, qui ne lui
est pas contestée.

Soyons francs : on serait tout près de pardonner au gouvernement son décret, si on avait laissé à l'Académie des
Beaux-Arts le jugement des prix de Rome. « Et d'un autre
côté, dit en terminant M. Vitet[1], si ce n'est plus son ancienne patronne qui veille à ses destinées avec des soins,
des sympathies, une constance, une régularité, nous pour-
rions presque dire avec un cœur de mère, si son recrutement, ses travaux, ses tendances sont livrées aux chances
du hasard et comme abandonnées à de mobiles affections,

1. Page 105.

3

pensez-vous qu'elle aussi puisse longtemps survivre ? »

Il est clair que le décret n'entend pas que l'Académie de Rome vivra de sa vie passée, et en cela, le décret a pour lui l'opinion, déjà vieille, des artistes qui mettent l'intérêt de l'art avant celui de l'Académie. M. Vitet conviendra qu'il eût été peu logique de réformer l'enseignement des arts, ou mieux de le constituer, puisqu'il n'existait pas de fait sous la tutelle académique, et de laisser à la quatrième classe de l'Institut le pouvoir de distribuer les récompenses suprêmes, c'est-à-dire, d'annuler par un acte solennel les efforts de l'École reconstituée, en donnant le prix de Rome, si bon lui semblait, aux élèves qui, au lieu de profiter d'un enseignement libéral, auraient continué à se soumettre à cette influence académique dont M. Vitet, lui-même, fait ressortir la pâleur. Qui veut la fin, veut les moyens, et si l'administration, par une condescendance dont elle a eu l'occasion de se repentir, a appelé dans le conseil supérieur des membres de l'Académie qui ont gêné ses premiers efforts, il ne faudrait pas la supposer naïve au point de se livrer pieds et poings liés à l'Académie en lui laissant donner à son gré les prix dits de Rome. A la place de cette congrégation irresponsable, insaisissable, qui, de trois établissements distincts, l'Académie, l'École des Beaux-Arts et l'École de Rome, était parvenue à former un faisceau compacte d'intérêts personnels, étrangers au développement de l'art, l'administration a voulu : 1° Constituer un enseignement dont elle prend la direction, qu'elle essaye de rendre sérieux et *indépendant* ; 2° fournir à des jeunes gens, reconnus les plus capables par un jury *indépendant* aussi, les moyens d'étudier les arts à Rome et dans les pays où ils ont jeté un vif éclat. Voilà le fait, voilà le vrai. Il est certes permis de discuter la valeur de ce programme, mais il n'est pas d'un esprit juste de suspecter les intentions de l'administration qui se l'est posé. Faut-il au moins attendre les résultats pour porter un jugement. Je laisse donc de côté les récriminations, les prophéties de l'auteur de l'article de la *Revue*, les peintures navrantes qu'il nous fait de l'Académie des Beaux-Arts déshéritée de ses priviléges, de l'École de Rome laissée à sa liberté. M. Vitet n'a pas jusqu'à présent été bon prophète : nous ne sommes pas, par conséquent, obligés de le croire sur parole. Le temps des prophètes est passé d'ailleurs, et tous les événements si peu prévus qui ont rempli notre siècle sont faits pour dégoûter du métier.

Revenons au titre de l'article de la revue : *Les arts du dessin en France* que M. Vitet perd souvent de vue, et que nous avons, comme lui, laissé de côté. Il en est un peu des arts comme de la politique, tout le monde en parle, excepté peut-être les artistes et les hommes d'État. Que Léonard de Vinci écrive un traité sur la peinture, c'est pour le mieux; mais quel cas ferait-on d'une grammaire éditée par un peintre sachant passablement l'orthographe? Nous lisons et relisons même, avec le plus grand plaisir, les appréciations théoriques ou les impressions de M. Vitet, sur la peinture ou l'architecture, car les unes et les autres sont souvent justes, toujours sincères, très-délicates et instructives, mais pour dire aux gens comment il faut apprendre à dessiner, il me semble que la première condition c'est de dessiner soi-même, de savoir, en un mot, ce que c'est que la pratique du dessin. Il ne s'agit plus alors d'appréciations vagues, de finesse de langage, d'à-peu-près : il faut fournir une méthode, au besoin prendre un outil en main et démontrer par l'exemple. Si vous voulez faire des armes, vous écoutez d'une oreille distraite le poëte qui vous décrit les fers croisés jetant de vifs éclairs, le frémissement de l'acier, les regards qui se cherchent, mais vous allez chez un prévôt.

Il y a, dans l'art du dessin, deux opérations distinctes, l'une purement matérielle, l'autre qui dépend du domaine de l'intelligence. Mais ces opérations doivent être simultanées. L'œil n'est qu'un instrument qui communique une impression au cerveau; lorsqu'il s'agit de reproduire une apparence sur le papier, l'intelligence communique immédiatement à la main le mouvement nécessaire. Rien n'est plus simple au premier abord; cependant aucun travail humain peut-être n'exige une plus grande absorbtion de toutes les facultés. En effet, il faut d'abord que l'œil s'habitue à voir, à transmettre au cerveau comme une épreuve photographiée de ce qu'il a vu, que le cerveau s'habitue à conserver un temps cette épreuve, que la main devienne un instrument assez souple et délicat pour calquer, pour ainsi dire, sur le papier ou la toile, la reproduction de cette épreuve transmise par le cerveau. Et ici nous ne parlons que de la copie matérielle des objets vus. Mais s'il s'agit de composer, d'imaginer, de se faire dans le cerveau, sans l'aide des objets extérieurs, cette épreuve à calquer sur la toile, alors l'opération se complique singulièrement, exige l'emploi de facultés intellectuelles dont bien peu d'hommes sont pourvus. J'accorde qu'on enseignait fort mal le dessin à l'École des Beaux-Arts avant le décret, j'accorde qu'on ne l'enseigne peut-être pas mieux aujourd'hui, mais la question est au-dessus de ces chicanes, elle est d'une grande importance, je le reconnais, et mérite d'être traitée à fond.

Un maître qui certes est compétent a dit, *presque sans hyperbole* : « que le dessin est l'art tout entier. » Si le dessin est la reproduction, soit d'une scène que l'on voit, soit d'une scène que l'on imagine, il est évident que cette scène, se présentant avec les jeux de lumière et d'ombres et avec une coloration quelconque, *le dessin est l'art tout entier*, mais ce que n'aperçoit pas M. Vitet en citant cet axiome du maître, c'est qu'il condamne d'un trait de plume tout le système d'enseignement admis par l'Académie depuis trop longtemps, l'enseignement classique si l'on veut. Aucune forme ne se présente sans un modelé, car aucune forme n'est visible si elle n'est éclairée, nulle forme même ne se peut comprendre que par le modelé. Or, le dessin ne saurait défalquer le modelé de la forme. Que fait-on cependant lorsqu'on enseigne le dessin suivant la méthode classique? On commence par présenter aux élèves des silhouettes, ce qu'on appelle des dessins au trait, et on les leur fait copier machinalement. L'œil de l'enfant, préoccupé de traduire pour la main, instrument très-imparfait encore, ce trait, cette silhouette, commence d'abord par prendre une mauvaise habitude, qui est de ne point se rendre compte des plans et de ne voir, dans l'objet à traduire, qu'une surface plate bordée d'un contour. Chez un jeune homme, même heureusement doué, cette mauvaise habitude contractée le gêne longtemps, elle s'interpose pendant des années entre l'objet réel et son traducteur, l'œil. Cela est sensible pour qui s'est occupé d'enseigner le dessin, car ce que l'on a le plus de peine à faire interpréter aux élèves lorsqu'ils arrivent à dessiner d'après nature, ce sont les plans fuyants, qu'ils sont toujours disposés à développer. Ceci touche aux éléments et ne concerne point l'École des Beaux-Arts, qui ne s'occupe de l'enseignement du dessin qu'au moment où l'élève en a déjà franchi les premières difficultés; toutefois, il serait à souhaiter que ces éléments fussent partout établis sur de meilleures méthodes. Donc, l'élève est admis à l'École: en quoi consistait, et en quoi consiste alors l'enseignement

du dessin, dont, quoi qu'en dise M. Vitet. on n'a pas di-
minué l'importance depuis le décret?

Il se borne à faire copier aux jeunes gens ce qu'on appelle vulgairement des *académies*, c'est-à-dire un homme
nu, éclairé par le même jour, dans le même local, et soumis
à une pose qui peut passer généralement pour une torture
payée à l'heure. Voilà ce cours de dessin *d'après le naturel*
qui dure depuis deux cent dix-sept années, qui aujourd'hui,
au dire de M. Vitet, ne serait plus que *toléré* à l'École,
mais dont la destruction serait la perte de l'art. Hélas! il
existe à Paris une demi-douzaine de salles de modèles
d'après le naturel, et il ne serait pas besoin de tant s'attrister
sur la fermeture de l'une d'elles. Le progrès ou la décadence
de l'art du dessin dépendent de causes un peu plus sérieuses.
S'il est nécessaire qu'un artiste, peintre, sculpteur ou même
architecte, connaisse parfaitement la forme du corps humain
et soit en état de reproduire exactement les poses de ces
messieurs et de ces dames payés à l'heure; si, en un mot,
l'étude de l'*académie* est un moyen, et l'un des meilleurs
pour apprendre à dessiner, il faut cependant convenir
qu'entre la copie d'une *académie* posant avec quelque
fatigue, dans un lieu fermé, sous un jour invariable, et un
tableau, il y a une distance à parcourir. Comment l'enseignement classique comblait-il cette lacune? Était-ce en
montrant aux élèves, d'après nature, comment des personnages se groupent sous l'impression d'un sentiment ou
d'une passion? Était-ce en insistant sur la nature du geste?
Était-ce en variant les effets de la lumière et du modelé,
par conséquent, sur un ou plusieurs personnages? Était-ce
en conduisant les élèves à l'air libre, devant des groupes
agissants et faisant ressortir à leurs yeux les effets du soleil
sur ces groupes et sur le milieu dans lequel ils se meuvent?
Était-ce en leur montrant comment les vêtements, les dra-

peries suivent les mouvements du corps? Était-ce en les
habituant, devant la nature, à graver dans leur esprit des
lignes, de grands effets? Était-ce, enfin, en leur montrant
comment les maîtres avaient su interpréter tous ces éléments
réels pour créer les plus nobles ou les plus gracieuses
fictions? Non, l'enseignement classique ne faisait rien du
tout. De la salle d'*académie*, l'élève passait dans les galeries
du Louvre, si bon lui semblait, pour étudier et copier les
maîtres, ou dans l'atelier pour peindre sur toile d'autres
académies, et se livrer à des compositions, pastiches de ces
maîtres. Quant à la nature, la nature vivante, agissante, à
l'air libre, on en parlait beaucoup, peut-être, mais on ne
l'étudiait qu'en passant, que comme complément accessoire.
Ce n'était que quand l'artiste était livré à lui-même qu'il
commençait, si son tempérament n'avait pas été trop énervé
sous ce régime classique, à reconnaître qu'en dehors de la
salle d'*académie*, et avant les maîtres, il y a un vrai soleil,
de vrais arbres, de vraies montagnes et de vrais hommes,
agissant pour leur compte et ne posant pas pour l'artiste.
C'était alors devant les splendeurs du vrai, révélées trop
tard, qu'il donnait, non sans raison, « libre cours aux
regrets et aux tristesses » que lui inspirait le souvenir des
jours inutilement employés. Combien de fois n'avons-nous
pas été les témoins ou les confidents de ces tristes regrets!

Si des tentatives étaient faites pour combler cette lacune
énorme dans l'enseignement du dessin, n'avait-on pas le
soin de les laisser dans un oubli complet? Sait-on, M. Vitet
sait-il, quels déboires étaient réservés à l'un de ces
hommes, trop rares, uniquement dévoués à l'enseignement,
qui avait courageusement pris l'initiative d'une réforme
dans les méthodes si malheureusement maintenues pendant
deux cent dix-sept ans? Les résultats qu'il obtenait étaient
merveilleux; on le reconnaissait, on en convenait, mais

on s'arrangeait pour que le professeur ne trouvât bientôt
plus ni un local, ni un élève. L'administratiou des Beaux-
Arts venait, sous main, à son secours, mais sans oser
proclamer la valeur de la méthode, sans pouvoir, grâce à
l'influence académique, lui donner l'appui moral nécessaire
pour attirer la jeunesse. Ce professeur et sa méthode
étaient traités par la *voie du silence*, la meilleure peut-être
pour réduire à néant les idées les plus fertiles et les faire
rentrer dans ce marais stagnant que M. de Gisors vient,
par ironie sans doute, de décorer du nom d'*art militant*.

Mais voyez dans quelles inconséquences tombent les
meilleurs esprits une fois entraînés sur un terrain qu'ils ne
connaissent pas! M. Vitel s'écrie ironiquement[1] : « Quelle
est maintenant à l'École la raison d'être du dessin? Qu'a-
t-on besoin du crayon? On dessine avec le pinceau.... »
Quelques lignes plus haut, cependant, il s'exprime ainsi :
« .... Car le dessin, c'est autre chose que le maniement
du *crayon* et la représentation matérielle des formes et des
corps; c'est la pensée, la conception, le sentiment, le caractère; c'est, en un mot, tout ce qui souffre et languit aujour-
d'hui. » Soit, nous irons plus loin que M. Vitet, et nous
dirons : Ce n'est ni avec le pinceau, ni avec le crayon que
l'on dessine, c'est avec l'intelligence; l'outil ne fait rien à
l'affaire, le mécanisme de la main n'est même qu'accessoire,
et tout artiste qui ne dessine pas dans son cerveau, si
adroite que soit sa main, ne sera jamais qu'un pantographe.
C'est donc ce foyer du dessin, comme de toute autre pro-
duction humaine, l'intelligence, qu'il faut développer. Or,
M. Vitet prétendrait-il que la méthode académique qu'il
suppose abandonnée, pour nous donner une page de critiques acerbes de plus, et qui malheureusement ne l'est

1. Page 99.

pas, était faite pour développer l'intelligence de l'élève?
Pense-t-il que ce labeur machinal, consistant à reproduire
sur le papier, avec n'importe quel outil, un homme nu,
perché sur une estrade entre quatre murailles, quelle que
soit d'ailleurs l'attention du professeur, puisse développer
« la pensée, la conception, le sentiment » chez l'élève?
Pourquoi donc ces regrets, ces pages amères? M. Vitet
croit-il sérieusement que les artistes de l'antiquité, que les
Léonard de Vinci, les Raphaël, les Michel-Ange, les Titien,
les Luini, les Poussin, ont appris à dessiner suivant cette
méthode? que c'est par elle qu'ils sont arrivés à donner à
leurs ouvrages le caractère individuel, le sentiment, le style
qui nous émeuvent? Mais, en vérité, en insistant davantage,
je croirais abuser de la patience de mes lecteurs.

Il n'y a qu'une méthode théorique pour apprendre à
dessiner, c'est celle que tous les grands artistes se sont faite
en dehors des *procédés* académiques ou autres, contraire-
ment même à ces *procédés* : apprendre à voir la nature,
apprendre à la voir sous son aspect le plus élevé, apprendre
à choisir, contracter l'habitude de graver dans son cerveau
ce que l'on a observé et rendre sa main assez docile pour
reproduire sur le tableau cette empreinte qui s'est faite par
l'observation. Si l'on passe à la pratique, il n'y a de même
qu'une méthode : c'est de développer le sens observateur
de l'élève, d'ouvrir son intelligence au spectacle toujours
nouveau de la nature, d'analyser les apparences qu'elle
présente, de décomposer les ensembles qu'elle fournit,
d'en faire étudier les détails séparément, mais en insistant
sur leur place et sur leur valeur relatives. Faire que, par
l'exercice, le dessin devienne un moyen de traduction
constante de la pensée ou de l'impression, comme la parole
ou la plume le deviennent pour l'orateur et l'homme de
lettres. On n'est dessinateur que si l'on dessine toujours,

malgré soi, sans crayon et sans papier, comme on n'est
écrivain que si l'on a pris l'habitude constante de donner à
sa pensée une forme compréhensible et littéraire, sans qu'il
soit besoin d'une plume et d'un encrier. Ce que nous avons
reproché aux méthodes académiques, c'était de supprimer
le travail intellectuel entre le modèle et la main, d'apprendre
à tourner des périodes sans avoir rien à dire. L'application
de cette méthode, objectera-t-on, est impossible dans une
école constituée comme l'École des Beaux-Arts.

Alors pourquoi conserver cette prétention d'enseigner
ou nous donner cet enseignement mécanique et borné comme
étant le seul qui doit préserver l'art de la décadence? Mais
d'ailleurs l'objection tombe devant l'expérience, et quand
on voit les résultats obtenus par le professeur dont nous
parlions tout à l'heure, résultats si soigneusement tenus
dans l'ombre par l'Académie et ses amis, on est bien forcé
de reconnaître qu'il suffirait de vouloir en finir une bonne fois
avec la routine déguisée sous l'enveloppe de la tradition,
pour renouveler l'enseignement du dessin et le ramener
aux méthodes suivies par les maîtres de tous les temps.
Mais je tiens, sur cet article, à ne rien laisser de vague;
aussi bien est-ce une occasion de dire sur l'art du dessin
ce qu'une longue pratique nous suggère. La méthode académique présente deux dangers. Le premier, c'est d'amener
des élèves qui n'ont aucune disposition naturelle pour les
arts à produire des œuvres, à dessiner, par cette raison
que la méthode est purement mécanique, et qu'à moins
d'une maladresse de la main, assez rare en France, on
parvient, vaille que vaille, à faire une œuvre dite d'art.
Le second, c'est de développer une exécution purement de
convention, au détriment du travail de la pensée.

Il est nécessaire d'étudier profondément les maîtres,
mais il ne faut pas habituer l'élève à voir la nature ou sa

propre pensée à travers un maître, l'amener à ce point
qu'entre l'objet et sa main, entre sa pensée et sa main, un
maître vienne toujours interposer son œuvre. L'étude des
maîtres ne doit donc être présentée à l'élève que comme
l'interprétation d'un sujet ou d'une pensée, que comme
une façon de tirer parti de la nature, à laquelle il faut
avant tout recourir. C'est la nature qu'il faut apprendre à
bien voir à l'élève, en l'obligeant sans cesse à se rendre
compte de ses effets, de ses ressources, de ses moyens, à
la maîtriser, à se l'approprier. Il n'y a rien de laid dans la
nature pour qui sait la voir : le laid dépend de l'artiste et
non de l'objet. La nature a ses secrets de beauté partout;
apprenez à l'élève à découvrir ces secrets, à les dégager de
leur enveloppe quelquefois grossière, faites que ce travail
passe à l'état d'habitude involontaire, que l'intelligence de
l'artiste ne conçoive plus que suivant l'ordre logique et ad-
mirable de la nature dépouillée du vêtement, quelquefois
repoussant, qu'elle revêt pour le vulgaire. Pour obtenir ce ré-
sultat, suffit-il de présenter une fois par semaine, sous ses
yeux, un homme nu, et de le lui faire copier machinalement?
suffit-il de lui montrer des cartons de Raphaël ou des bas-
reliefs antiques, de lui parler du beau sans lui expliquer
ses conditions et son essence autrement que par des redites
banales, de lui poser pour programmes la mort de Patrocle
ou le serment des Horaces, à lui, qui ne connaît des Grecs
et des Romains que ce qu'on enseigne au collége? Non certes, il faut d'abord agrandir, élever l'intelligence de l'élève,
ne pas borner son horizon aux murs de l'École ou de l'atelier, lui démontrer que l'idéal n'est autre chose que la nature passée au creuset d'une âme élevée et d'un esprit
cultivé; — que sans ces deux qualités l'artiste est un simple
artisan, bon pour amuser les désœuvrés ; que tout doit être
pour lui sujet d'observation ; que c'est sur la nature d'abord,

et avant les maîtres, qu'il doit saisir l'expression des sentiments humains par l'étude du geste, qu'il doit analyser
l'apparence des formes, les effets de la lumière et des couleurs. Si sa main devient un instrument docile, il faut lui
enseigner à ne se servir de cet instrument que pour reproduire un modèle beau, un souvenir complet, ou une pensée
mûrie. Bientôt, si l'élève est doué, cet instrument si souple
se refusera à traduire une forme laide, une pensée vulgaire. Habitué à servir un maître difficile dans ses choix, il
sera le premier à l'avertir d'un écart, il restera inerte devant une débauche. Ces rapports entre l'esprit et la main
du dessinateur deviennent si intimes à la suite d'une in-
struction première, saine et méthodiquement suivie, que
l'œil n'est plus, s'il s'agit de transmettre la pensée sur la
toile, qu'un instrument relativement secondaire, passif,
destiné à empêcher la main de s'égarer. Aussi voit-on des
artistes dont la vue est affaiblie par l'âge, dessiner encore
et traduire leur pensée sur le papier avec une énergique
précision. L'œil, si nécessaire à l'artiste lorsque, jeune, il
lui faut beaucoup voir et souvent reproduire ce qu'il voit,
s'affaiblit au moment où le cerveau, largement pourvu,
saisissant la forme intellectuellement, sans avoir besoin de
la voir, trouve alors dans sa main assouplie un agent docile et immédiat.

Nous avons cherché vainement le sens de ce passage
de l'article de M. Vitet : « Si le dessin n'est pas le maître,
comme l'âme est maîtresse du corps, si son autorité fléchit,
s'il n'est pas obéi, respecté, vrai souverain, sans tyrannie,
mais soumettant à ses justes lois tous les caprices, y compris ceux de la couleur, que devient l'art? Il se matéria-
lise, et bientôt il n'est plus[1]. » Le dessin n'est qu'un moyen,

1. Page 99.

qui ne peut être ni tyran, ni esclave, ni obéi, ni violé. Un moyen peut être parfait ou grossier ; dire qu'il est souverain, cela équivaut à dire qu'une presse à imprimer est souveraine. Le souverain, c'est l'auteur qui donne la copie, le compositeur qui la met en pages. Le souverain dans l'art du dessin, c'est l'intelligence qui s'exerce à bien voir, à choisir dans ce qu'elle a vu, qui prend l'habitude de saisir et bientôt de concevoir des formes, de les combiner au point de leur donner l'apparence de la réalité. Ce n'est que depuis qu'on a fait du dessin une sorte d'opération toute de convention, qu'on a prétendu le séparer de la couleur, du modelé même, que notre École française académique n'a plus fourni ce qu'on appelle des *coloristes*. La preuve de ce que nous annonçons ici, c'est que les jeunes artistes, ayant appris à dessiner par la méthode de M. Lecoq de Boisbaudran, méthode appuyée sur le travail simultané de l'intelligence et de la main, produisent des œuvres dans lesquelles les deux qualités, si maladroitement séparées, du dessin et de la couleur sont également réparties. Le jeune homme doué pour apprécier la forme, l'est également pour apprécier la couleur, du moment que par une déplorable méthode on ne l'a pas habitué à voir l'une sans l'autre. Veuillez croire, messieurs les amateurs qui vous donnez tant de peine pour nous apprendre les secrets d'un art que vous ne pratiquez pas, que pour l'art du dessin comme pour l'art d'écrire, la première chose à faire, c'est de s'adresser à l'intelligence, qui est la vraie et la seule souveraine, que quand l'intelligence s'est longtemps exercée à comprendre la forme, à la choisir, la main n'est plus qu'un serviteur docile. Le véritable dessinateur n'est pas un photographe reproduisant un modèle posant devant lui, mais un observateur étudiant ce modèle, de façon à en connaître si bien la forme, la raison d'être, de se mouvoir, les diverses appa-

rences suivant les circonstances extérieures, qu'il pourra,
en fermant les yeux, se le représenter sous un aspect
quelconque, non vaguement, mais nettement, avec ses plans,
le jeu des ombres, les effets de la coloration, le mouvement
que lui imprime un sentiment, un besoin ou une passion.
Était-ce à cette fin que tendait l'enseignement de l'*art du
dessin* à l'École des Beaux-Arts?

Quant au métier du peintre, c'est-à-dire aux procédés
tendant à appliquer des couleurs sur une toile ou sur un
mur, je regrette de ne pouvoir partager l'opinion de
M. Vitet lorsqu'il s'exprime ainsi [1]: « Si chez nos peintres,
chaque année, l'intelligence, la pensée, l'expression, sem-
blent faiblir de plus en plus, n'est-il pas vrai qu'ils ont la
main de jour en jour plus exercée, plus hardie, plus habile,
disons-le même plus savante? N'êtes-vous pas stupéfait de
rencontrer parfois dans les plus pauvres œuvres, dans les
conceptions les plus plates, une souplesse, une ampleur,
une dextérité de touche dont plus d'un maître serait
jaloux? » Ce qui frapperait plutôt aujourd'hui les artistes
sachant à fond le *métier*, c'est au contraire l'oubli des procédés simples, vrais, durables, qui chaque jour se fait sentir
davantage. Si les tableaux *neufs* que l'on voit aux exposi-
tions annuelles ont l'apparence, souvent, d'une exécution
facile aux yeux des gens qui ne sont pas *du métier*, voyez-
les après deux ou trois années, et dites si ces œuvres-là ne
sont pas, au seul point de vue de l'exécution matérielle,
bien tristement au-dessous des Gros qui sont au-dessous
des David, qui sont au-dessous des Vien, qui sont au-dessous des Jouvenet, qui sont au-dessous des Lesueur, qui
sont au-dessous de tous les maîtres des xve et xvie siècles,
n'ayant point eu la fortune de travailler sous l'égide académique.

1. Page 98.

Les tableaux des Gérard, des Girodet, seront perdus alors que les Veronèse brilleront encore de tout leur éclat. Bien des tableaux de notre temps ne laisseront plus voir un seul ton, que ceux du dernier siècle seront encore visibles. Le *métier* a suivi sous ce bon régime académique la destinée faite aux parties les plus élevées de l'art. M. Vitet n'a donc pas lieu de se « désoler » en présence des progrès du métier, puisqu'il décline ; mais il est assez étrange que l'appréciateur enthousiaste des œuvres de Van Eyck, par exemple, nous vienne dire que « ce n'est qu'aux dépens de l'art que le *savoir-faire* grandit. » Il nous semblait que si quelque chose pouvait surpasser la valeur comme art, comme style, de certains tableaux des Van Eyck, des Fiesole, des Jean Belin, des Léonard de Vinci, des Raphaël même, c'est l'exécution matérielle.

Je demandais, dans la brochure à laquelle M. Vitet fait allusion, qu'on laissât un peu les artistes s'occuper des questions touchant à l'art. Avais-je tort ? Qu'aurait été, en effet, l'opposition faite par l'Académie des Beaux-Arts si quelques critiques étrangers à la pratique de l'art ne s'étaient pas mis à la tête de cette opposition ? Au total, très-peu de chose, car messieurs les membres de l'Académie ne poussent pas l'indépendance jusqu'à compromettre leur position comme artistes, en face d'un gouvernement qui à peu près seul, en France, leur fournit des travaux et des commandes. Ce n'est pas à nous, cependant, à nous plaindre de la publicité donnée à cette opposition ; ainsi a-t-on pu résoudre quelques questions et éclairer le public. Quant au rôle que M. Vitet veut bien m'assigner dans les événements qui ont suivi le décret du 13 novembre 1864, ce qui précède fait assez voir qu'il n'est pas celui d'un mécontent, d'un radical éconduit ou d'un transfuge, mais bien celui d'un défenseur des réformes convaincu de leur utilité, mais convaincu aussi de la nécessité de les poursuivre avec suite, avec calme. Je considère l'action administrative comme un moyen transitoire, une dictature, encore une fois, nécessaire pour rendre à l'enseignement des arts et par suite aux artistes, la liberté sans laquelle les travaux de l'intelligence dépérissent. Si j'ai cru devoir reprendre le premier cette liberté, même vis-à-vis une administration dévouée aux idées de réformes, c'est que je considérais comme funeste à ces idées l'alliance que, sur bien des points, l'administration semblait vouloir renouer avec l'Académie des Beaux-Arts; c'est aussi que je croyais utile de choisir mon heure pour prendre part à la lutte, si elle se renouvelait. Les défenseurs officiels ou officieux de l'Académie des Beaux-Arts ont si bien fait de leur côté que l'alliance devient chaque jour plus difficile. Le temps s'écoule, l'opinion se forme, et la partie saine de la jeunesse qui veut devoir ses succès à son mérite et à son travail, comprend qu'elle n'a rien à gagner à soutenir des priviléges profitables surtout à la médiocrité. Une école libre d'architecture est sur le point de se constituer, et l'administration est loin de faire obstacle à son établissement. L'État pourra ainsi, affranchi des préoccupations académiques, rendre peu à peu à l'initiative privée ce pouvoir que lui seul devait ressaisir, et s'occuper seulement de maintenir un enseignement supérieur, de récompenser le mérite et d'en profiter d'où qu'il vienne.

Nous n'atteignons pas encore le commencement de cet état, seul favorable au développement des arts. Il faudra bien des efforts, des luttes et de la persistance; c'est pourquoi je tiens la campagne et prétends ne m'enfermer dans aucun camp.

PARIS. — J. CLAYE, IMPRIMEUR, RUE SAINT-BENOIT, 7.

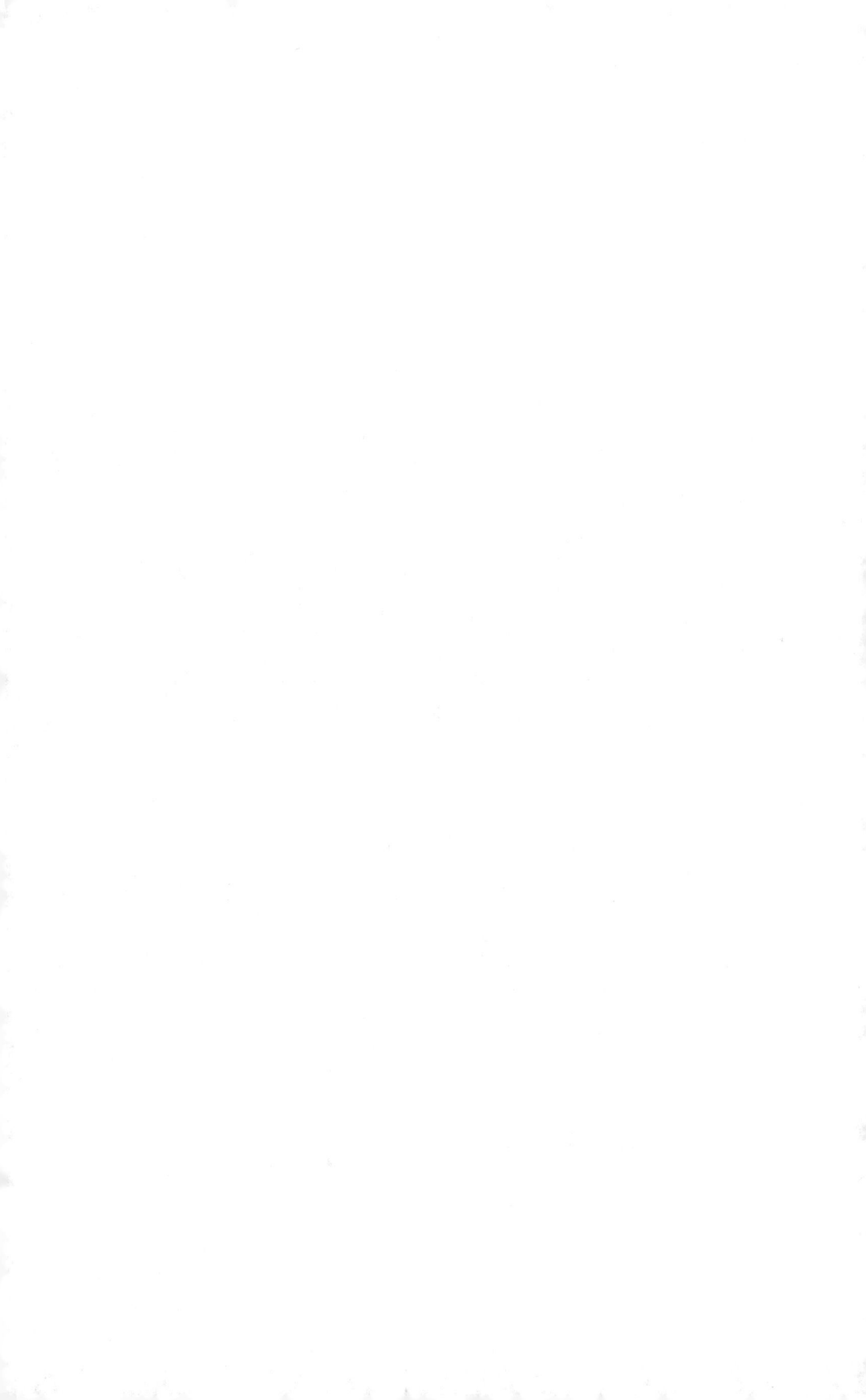

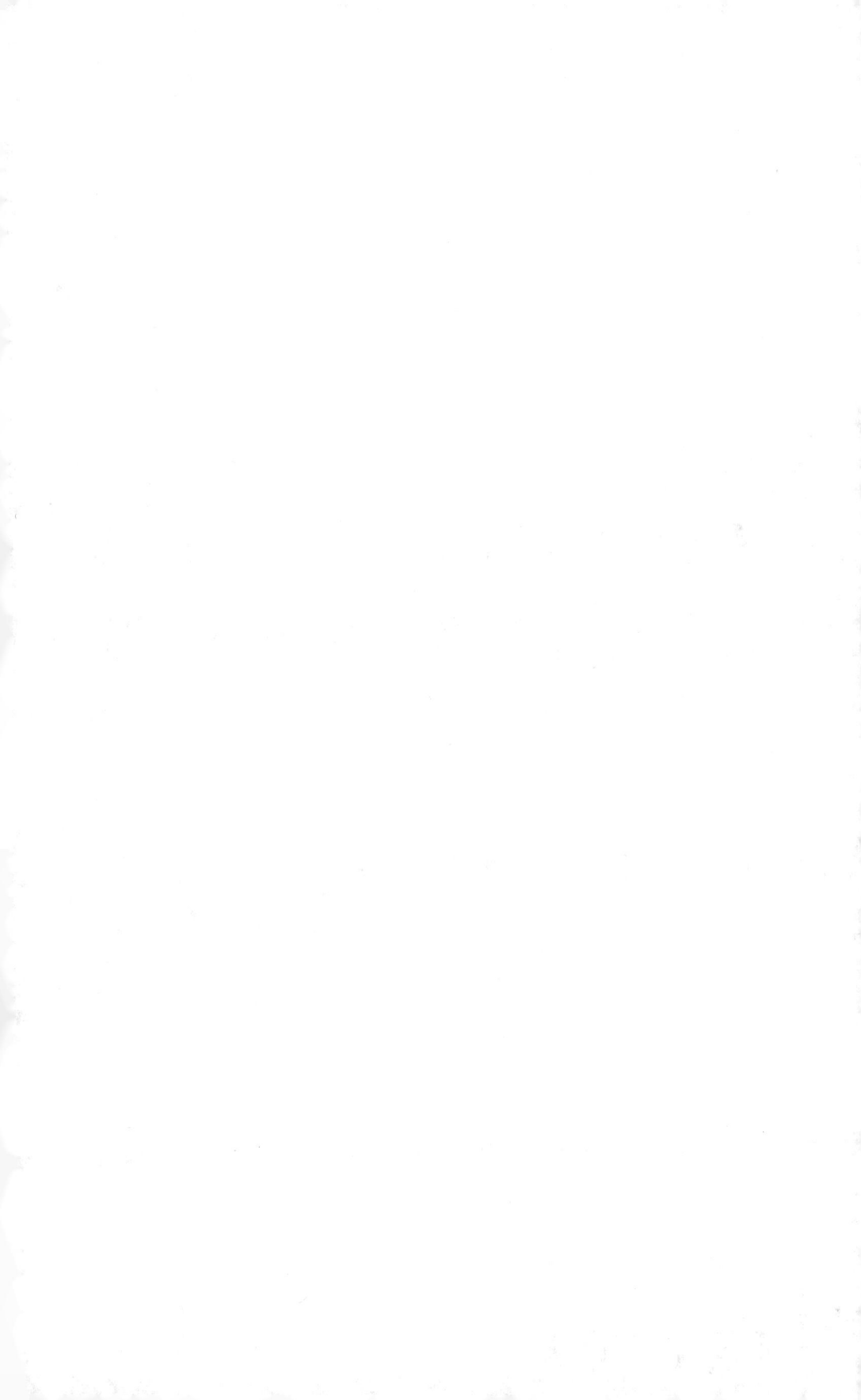

www.ingramcontent.com/pod-product-compliance
Lightning Source LLC
Chambersburg PA
CBHW071442220526
45469CB00004B/1628